工程原理实践手册 上

【美】托马斯·辛格 特蕾莎·菲利普 黛比·弗兰奇 著

季忠刚 黄兆祺 楼初旸 唐楚虹 汪凡 王佳元 译

上海科技教育出版社

出版说明

21世纪是知识和经济全球化的时代，科技创新越来越受到重视，社会对科技与工程类人才的需求与日俱增。各国为了应对竞争压力，纷纷进行基础教育改革，尤其是美国发起的STEM（科学、技术、工程和数学，简称STEM）教育，在全世界引起了广泛的关注和探索实践。

当前，我国基础教育阶段的工程教育尚处于起步阶段，没有成熟的课程设置与师资配备，也缺乏相对权威可靠的课程资源。为此，我们精选美国"项目引路"机构（Project Lead the Way，简称PLTW）的课程资源，引进出版了这套"中小学工程教育"丛书。目前，美国50个州和哥伦比亚特区已经有4700多所学校开设PLTW课程，PLTW的课程资源是目前美国初中和高中使用最广泛的预备工程教育课程资源。我们希望，这套丛书的引进出版，为我国当下正在策划的基于"核心素养"的基础教育课程改革，以及我国以工程技术思想为龙头的STEM教育的有效实施提供参考。

需要说明的是，原书使用的度量衡单位、符号及部分规范，与国内通用的国际单位有所不同，为了原汁原味地保持原有内容，以及行文的简洁，我们仅在每本书的前面附上了单位换算表，以方便读者使用。此外，该套丛书涉及科学、技术、工程和数学多个领域，翻译难度较大。不当之处，欢迎广大读者批评指正。

丛书序

教育要面向未来多变的社会，要培养具备全球胜任力的学生。在这样的背景下，综合性、跨学科的知识和能力越来越重要，这也是我国当前课程改革中最新提出培养、发展学生核心素养（即必备品格与关键能力）的重要内涵。因此，通过加强跨学科课程建设，给学生提供跨学科学习经历尤显重要。国际上当前流行的STEM、STEAM课程，也正是以跨学科、综合性作为其重要特征的。

我国的基础教育历来十分注重学科课程。虽然学科课程原本内涵着跨学科的元素（如物理中有数学，化学中有物理，历史中有地理），但长期以来已被固化，缺乏与时俱进的深化和拓展。近年的课程改革又开始重视综合性课程和跨学科课程的开发，如全国课程改革中的综合实践活动课程，上海课程改革中的研究型课程、科学课程和艺术课程。但在实施中，这些课程远未达到应有的水平。而且现在看来，这些课程缺乏了一个重要内容，就是工程教育。工程是科学、数学与技术等的整合与应用，航天工程、生物工程、桥隧工程、建筑工程、"菜篮子工程"等都是工程。在工程中，必须把设计思维和实践能力放在重要位置，这就要求能够在面临一个复杂的、综合性的任务时，创造性地利用各种手段和方式去完成任务。在设计思维里，系统性思想、以人为本的思想都非常重要。因此，工程教育是跨学科的，是培养设计思维和实践能力的一个很重要的载体，而这正是发展学生核心素养的重要内容。

在基础教育课程改革中，我们首先关注课程的育人价值，在今天特别要考虑课程面对未来的育人功能。工程教育的缺失会产生育人的短板，这也是国际教育界通过反思之后特别重视STEM课程的重要原因。当前，加强工程教育已经成为国际共识。

如何弥补工程教育在我国基础教育中的的薄弱与空白？由于当前国内还没有理想的中小学工程教育教材，所以需要学习和借鉴。本套"中小学工程教育"丛书是从美国引进的，有很多值得借鉴的优点。首先，内容系统、完整。书中对工程学科有全面、系统的介绍，包括工程设计的一般流程，工程建设相关的工具、材料、职业等。书中还结合具体的工程项目，介绍了物理、数学等学科知识在工程问题中的应用。其次，它是跨学段的系统设计，初中阶段的学生用书是《工程学入门》，高中阶段的学生用书是《工程原理》《工程设计导论》，内容的难易与梯度都比较合适。第三，语言生动、图文并茂，可读性很强。最后，整套书不仅有功能类似传统教材的学生用书，还有配套实践手册，可供学生练习、提高。

"他山之石，可以攻玉"。我希望这套"中小学工程教育"丛书的翻译出版，可以为我国当前的课程改革、教材开发服务。希望国内的相关人士，能够在此基础之上，开发本土中小学工程教育教材。

张民生

2017年12月

单位换算表

量的名称	英（美）制单位		换算关系
	名称	符号	
长度	英寸	in	1 in = 25.4 mm
	英尺	ft	1 ft = 12 in = 0.3048 m
	码	yd	1 yd = 3 ft = 0.9144 m
	英里	mi	1 mi = 1760 yd = 1609.344 m
面积	平方英寸	in^2	1 in^2 = 645.16 mm^2
	平方英尺	ft^2	1 ft^2 = 0.092 903 m^2
	英亩	acre	1 acre = 4840 yd^2 = 4046.856 m^2
体积	立方英寸	in^3	1 in^3 = 16.387 cm^3
容积	加仑（美）	gal	1 gal = 231 in^3 = 3.785 4 L
流量	加仑每分钟	gal/min, gpm	1 gpm = 0.003 785 4 m^3/s
速度	英尺每分钟	ft/min	1 ft/min = 0.005 08 m/s
	英寸每秒	in/s	1 in/s = 0.0254 m/s
	英寸每分钟	in/min	1 in/min = 0.3048 m/s
加速度	英尺每平方秒	ft/s^2	1 ft/s^2 = 0.3048 m/s^2
质量	磅	lb	1 lb = 0.453 59 kg
	盎司	oz	1 oz = 28.3495 g
压强，应力	磅每平方英寸	lb/in^2, psi	1 psi = 6894.757 Pa
	千磅每平方英寸	ksi	1 ksi = 6 894 757.293 Pa
温度	华氏度	°F	华氏度 = $\frac{9}{5}$ 摄氏度 + 32 华氏度 = $\frac{9}{5}$ 开氏度 − 459.67
功、能、热	英尺磅	ft·lb	1 lbf·ft = 1.355 82 J
	英寸盎司	in·oz	1 in·oz = 0.007 061 55 J
	英制热量单位	Btu	1 Btu = 1055.056 J
	热姆	therm	1 therm = 10 000 Btu = 105 505 585.26 J
比热容	英制热量单位每磅华氏度	Btu/(lb·°F)	1 Btu/(lb·°F) = 4186.8 J/(kg·K)

（续表）

量的名称	英（美）制单位		换算关系
	名称	符号	
功率	英尺磅每秒	ft · lb/s	1 ft · lb/s = 1.355 82 W
	马力	hp	1 hp = 550 ft · lb/s = 745.700 W
转矩	盎司力英寸	ozf · in	1 ozf · in = 0.007 061 55 N · m
	磅力英寸	lbf · in	1 lbf · in = 0.112 985 N · m
	磅力英尺	lbf · ft	1 lbf · ft = 1.355 82 N · m

前言

本书是《工程原理(上)》一书的配套实践手册,通过真实的、实践性强的活动来帮助学生训练工程方面的基本技能,为将来参与挑战性更强的项目打下基础。本书作者利用长期讲授"项目引路"系列(Project Lead The Way)《工程原理》课程的经验,为大家提供下列丰富的内容:

- 实践性强的工程类活动;
- 工程图与草图的绘制;
- 数学基础;
- 头脑风暴和团队合作实践;
- 用开放式的问题和项目提高挑战难度。

本书还在所有必要的地方提供了空白的工程师笔记纸张、正交栅格纸和等角投影纸。在完成本书的练习和实践的过程中,学生将逐步掌握利用这些工具进行文档整理和记录的技巧。

本书的特点

本书是"项目引路"系列《工程原理(上)》的配套实践手册,用于辅助该课程的教学,也可用于辅助所有与工程设计有关课程的教学。每一个单元都包含以下这些栏目,旨在引导学生应用工程原理解决问题,并达到良好的效果。

背 景

"背景"栏目可以帮助学生回顾和拓展所学的知识,以便在接下去的实践活动中更好地应用它们。

小提示

"小提示"旨在提醒学生避开工程设计中常见的陷阱,提供有用的线索以及讲述一些有趣的奇闻轶事,帮助学生顺利地完成工程设计活动。

练习

本书的核心是众多的实践练习,内容涵盖数学、头脑风暴、草图绘制、图纸绘制与团队建设等,以训练学生必要的工程技能。

《工程原理》和项目引路公司

2006年2月,德尔玛圣智学习出版公司和项目引路机构作为合作伙伴,共同研究并开发了一系列的教学方案,本书是其中之一。作为一个旨在开发工程类课程的非盈利组织,项目引路机构为高中生提供了严谨的、有意义的、与实际生活密切相关的知识,这些都是大学阶段学习工程学或完成工程技术项目所必须掌握的知识。

在每个课程中,项目引路机构的课程开发人员会通过一个个联系实际的实践性项目,帮助学生将数学、科学知识融会贯通。为了实现项目引路课程的目标,也为了帮助教师更好地完成基于项目与实践的工程技术教学,德尔玛圣智学习出版公司出版了一系列图书,作为九门项目引路课程的配套教材:

- 技术入门
- 工程设计导论
- 工程原理
- 数字电子学
- 航空航天工程
- 生物技术工程
- 土木工程与建筑
- 计算机集成制造
- 工程设计与开发

致谢

作者和出版社想要感谢在本书出版过程中提供过帮助的每一个人。尤其要感谢顾问编辑——美国陶森大学物理、天文学与地球科学系科学教育副教授罗特洛—珀杜(Pamela Lottero-Perdue)。她仔细地审阅了本书的原稿,提出了很多富有洞察力的建议,提升了本书的质量,并且提高了书中各实践项目的教学价值。

另外,我们还要感谢汉德利(Brett Handley),他为本书作出了大量的贡献,包括提供内容建议、书本素材与图片原稿等。

致我的妻子阿尼塔(Anita)和女儿蕾切尔(Rachel),感谢你们给我以极大的支持和空间,帮助我完成这本著作,谢谢!

——汤姆

关于作者

辛格(Thomas Singer)是美国俄亥俄代顿辛克莱社区学院的机械工程技术教授。他为欧特克(Autodesk)公司的设计软件撰写了使用说明,并且在虚拟网卡与协同设计方面造诣颇深。辛格先生是项目引路机构工程设计导论课程的客座教授,也是《工程设计导论实践手册》的作者之一。他曾获得过NISOD杰出教学奖。

菲利普(Teresa Phillips)是一位自由撰稿人。她是项目引路机构的高级教研主任、职业发展课程副主任。菲利普女士拥有纽约州立大学奥斯维戈分校的科学技术教育学学士学位和罗切斯特理工学院的跨学科职业教育理学硕士学位,硕士期间主要研究工程技术方面的教学。她拥有纽约州的永久教学资格证书,是计算机集成制造与工程设计导论的高级教师。

弗兰奇(Debbie French)在美国俄亥俄州的新费城高级中学讲授工程原理、物理及其他自然科学方面的课程。她拥有丹尼森大学的文学学士学位与迈阿密大学的文学教育硕士学位。

弗兰奇是美国国家科学基金会(NSF)项目"基于吉他的设计与制造的STEM创新教学方法探索"的主要研究者之一。该课题以制作电吉他为目标,进行STEM教学,训练高中生与社区大学生的能力。

弗兰奇于2012年参加美国宇航局红外处理与分析中心的NITARP项目,和一些来自高中、社区学院和非正式教育机构的教师一起,在加州理工学院的雷布尔(Luisa Rebull)教授指导下,识别BRC27星云中的年轻恒星。

目录

第1章　工程学概述　　1
练习1.1　工程学发展大事记　　2
练习1.2　社区里的公司　　2
练习1.3　作为资源的运输系统　　2
练习1.4　工程学领域的职业　　3
练习1.5　作为资源的能源　　3

第2章　设计工具　　5
练习2.1　明确设计过程　　6
练习2.2　分析设计过程　　6

草图和设计方案　　7
练习2.3　草图练习　　7
练习2.4　等距草图　　12
练习2.5　头脑风暴　　15

CAD　　16
练习2.6　构建CAD模型　　16
练习2.7　零件逆向工程　　17
练习2.8　CAD产品调查　　17

探索并选择方法　　17
练习2.9　决定是怎样形成的？　　18
练习2.10　抉择矩阵　　19
练习2.11　工程团队角色扮演　　19
练习2.12　快速成型技术　　22
练习2.13　网上比较成型技术价格　　22

使用分析工具　　22
练习2.14　用电子表格计算利润　　23

| 练习 2.15 | 电子表格的分类和强调 | 23 |
| 练习 2.16 | 租车 vs 买车 | 24 |

设计问题 — 24

练习 2.17	软饮料瓶设计	24
练习 2.18	电源线管理	25
练习 2.19	行李秤	25

第 3 章　机械效益　31

背景　力、功和功率　32

| 练习 3.1 | 功和功率的计算 | 33 |

简单机械　33

| 练习 3.2 | 计算机械效益 | 34 |
| 练习 3.3 | 设计挑战 | 42 |

第 4 章　机械构造　43

凸轮和从动件　44

| 练习 4.1 | 计算凸轮的位移 | 44 |

齿轮组　47

| 练习 4.2 | 计算齿轮组的转速比和转矩比 | 47 |

链轮和链条传动　51

| 练习 4.3 | 计算链条传动机构的转速比和转矩比 | 51 |

第 5 章　能量　53

练习 5.1	能量转换拼拼看	54
练习 5.2	点亮灯泡还是加热灯泡	57
练习 5.3	跟踪弹力球的能量转换	58

第 6 章　电气系统　61

| 练习 6.1 | 导体和绝缘体 | 62 |
| 练习 6.2 | 电阻计算 | 64 |

练习6.3　功率实验　　　　　　　　　　　　　65

第7章　流体压力传动系统　　　　　　　　　67

练习7.1　高压　　　　　　　　　　　　　　68

练习7.2　下沉的感觉　　　　　　　　　　　69

练习7.3　气压产品和液压产品　　　　　　　70

工程原理实践手册(下)目录

第8章　控制系统

第9章　材料

第10章　材料性能

第11章　制造工艺和产品生命周期

第12章　静力学

第13章　运动学与运动轨迹

第14章　测量、统计与产品质量

第1章
工程学概述

头脑准备

在学习本章的概念时,请思考下面的问题:

- 什么时候开始有工程学?

- 最初的工程设计有哪些?

- 在工程学领域,著名的工程师有哪些? 他们作出了哪些贡献?

- 在当今社会,成为一名工程师的首要条件是什么?

- 技术进步如何刺激工程学领域的发展?

练习1.1　工程学发展大事记

目标

明确工程学是怎样随着历史逐步发展的。许多重要历史时期都受到了工程发现的影响。

步骤

1. 分小组讨论。
2. 每一组分配200到500年的历史时间段进行调查。
3. 每一组在自己所调查的时间段里找出一个工程发现或创举。
4. 记录该工程发现或创举所在的地理位置以及所涉及的人。一定要记下你调查资料的来源,并将你的调查展示给大家。
5. 课堂讨论:基于课堂展示的内容,我们该如何评价这些年来工程的创新、发现和技术发展的速度呢?

练习1.2　社区里的公司

目标

研究你们社区的历史。这些信息将帮助你理解为什么这个公司设置在这里,是什么原因促使它在当地的发展和改变。每一地区一般至少存在一个这样的公司,它对该地区的历史有着重要影响。图1-1中展示的可口可乐和麦当劳便是两个成功的例子。还有在俄亥俄州阿克伦城的轮胎制造商和南卡罗来纳州的纺织制造商。

图1-1　两家测试新产品的公司。有的产品成功了,有的则失败了。

步骤

1. 调查这个工厂或者公司的历史:它是怎样成立的?
2. 为这家公司制作一个发展时间轴:记录下重要的成功事件和失败事件。比如说可口可乐公司曾推出过一款可乐新品种"New Coke",结果失败了,尔后又重新使用原始配方,也就是现在众所周知的"经典可口可乐"。麦当劳汉堡的发展也是同样一波三折。
3. 如果这个公司已经倒闭了或者搬迁了,那么导致它倒闭或者搬迁的原因是什么?
4. 做一个5分钟的展示报告,介绍你的调查结果。

练习1.3　作为资源的运输系统

目标

交通运输是所有社会的一个重要基石。调查历史上的交通运输系统和现代交通运输系统之间的联系。

步骤

两人一组,选择一种当代的运输方式。填写如下报告:

1. 这种运输方式的动力从哪来?
2. 这种运输方式的成本有多高?(每英里或者每千米耗费多少钱?)
3. 这种系统是基于哪种技术发展起来的?(例如:涡轮机车是基于18世纪蒸汽机车的技术发展而来的。)
4. 展望一下你们组选择的这种运输方式的发展前景。

可供选择的主题包括:火车、飞机、汽车、自行车、人力车、航天器、潜艇和轮船等。

你的报告不应超过两页纸。

练习1.4 工程学领域的职业

目标

工程学领域有多种多样的职业可供选择。大多数人都听说过机械工程、工业工程、航空工程和电子工程。然而,工程学领域中还有许多新的专业正在蓬勃发展。探索一下还有哪些新式的途径可以进入工程师行业,你会发现这些专业都是属于更广义的工程学领域。

步骤

调查并在报告中描述一个你发现的热门的工程师职业。用12磅大小的字体,1.5倍的行距写一份一页纸的报告,其中可最多包含两张照片,每一张照片的大小不超过2英寸×2英寸。

练习1.5 作为资源的能源

目标

能源是加速城市化的引擎。对于现有或新能源的探索和发展是非常重要的任务。找出那些对能源使用进行协调、管理或者设置标准的组织机构并进行归类。

步骤

工业和社会对于能源的生产和使用是人们日益关心的一个问题。选择一个工程领域,并找到一个协调能源效率的组织。比如说为电子产品制造而设置的能源之星和为建造工程设置的领先能源与环境设计(LEED)认证(见图1-2)。

图1-2 LEED认证和它的意义。

协调组织机构	工程领域	标准或规章制度	相关的工程师职业
能源之星	电子产品制造	测量能源使用量,设置电子设备能耗标准。	• 制造工程师 • 机械工程师 • 包装工程师 • 电子工程师

表1-1 以一个对能源使用进行协调、管理或者设置标准的组织机构为例制作的样表。

全班一起合作,制作一张图表。图表内容如下:协调组织机构的名称,组织机构所针对的工程活动,组织机构所建立的标准或者规章制度。与产品及其生产过程相关的工程师职业。样式参见表1-1。

第 2 章
设计工具

头脑准备

在学习本章的概念时,请思考下面的问题:

- 设计过程怎样引导工程师从一个概念模糊的问题得出高度简练的解决方案?

- 在设计过程中,工程师怎样运用头脑风暴法来产生创意?

- 工程师怎样以草图形式来记录他们最初的想法?

- 工程师怎样运用计算机建模方法来完成他们的设计?

- 工程师怎样使用设计工具?他们为什么要使用这些工具?

- 工程师怎样表达、展示他们的想法?

练习 2.1　明确设计过程

目标

明确设计的过程。

步骤

1. 在图 2-1 中按顺序填上设计的过程。
2. 写下设计过程中每一个步骤要做的事情。
3. 找到可以说明设计过程中每一个步骤的图片。用 PPT 展示每一个设计步骤和相关图片，务必将图片来源列出。

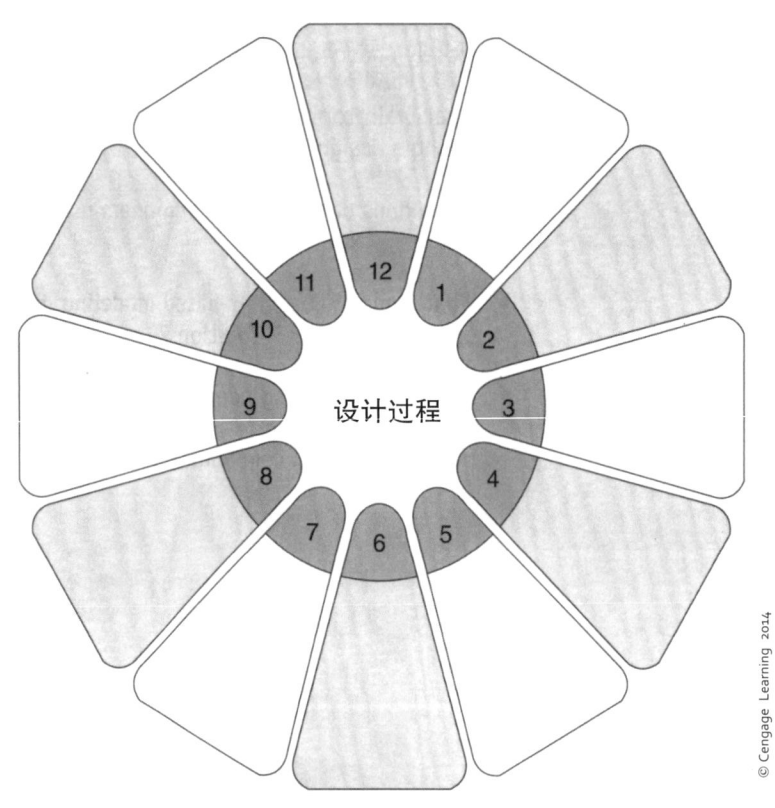

图 2-1　设计过程。

练习 2.2　分析设计过程

目标

通过分析一个现有产品的设计过程，可以了解到产品进入市场的流程，也可以了解到设计师需要考虑的一些细节。

步骤

1. 选择一个你熟悉的产品（比如手机、相机、iPod、游戏机、化妆品、鞋等）。

2. 学习12个步骤的设计过程并简述(以文字或图画的形式)设计过程是怎样将该产品带入市场的。针对每个步骤进行逐一解释。

3. 分析设计者在制造过程中以及将产品引进市场时遇到的挑战(提炼解决方案)。

4. 描述你将怎样改进产品的设计或者制造工艺。

5. 在这12个步骤中,你感觉最难的是哪个步骤？请解释原因。

草图和设计方案

将物体简图和想法画下来的方法可以追溯到史前时代的洞穴绘画。人们经常使用这些图画来进行建造方面的交流,并将其视为一种重要的交流形式。这与当今的情况是一样的,绘画和草图是进行创造的一个必经过程。本章节将帮助你提高图纸表达的技能。

练习2.3 草图练习

目标

对于工程师来说,能够精确地画出对象是一个非常重要的技能。草图是一个可以传达对象信息的工具。在你的身边选出三个小物体,并画出它们的三视图和轴测图。

材料

3张正交网格纸

1~3张轴测网格纸(一张纸上可以分成4部分)

步骤

1. 在学校或者家里找到3样可以放在手里的物体。

2. 画出每一个物体的三视图(俯视图、主视图、左视图)

a. 选择其中一面当做正视面,画出主视图。

b. 画出俯视图和左视图(在有必要的情况下)。

c. 标上物体的尺寸信息。

3. 从30°、150°和90°的视角,画出每一个物体的轴测草图。

接上页

接下页

姓名		日期	
证明人		日期	个人信息

工程原理实践手册(上)

接上页

接下页

姓名		日期	
证明人		日期	个人信息

接上页

接下页

姓名		日期	
证名人		日期	个人信息

练习2.4　等距草图

目标

轴测图可以为那些想象不出物体形状的人提供立体图像,许多顾客或者客户都需要这种图纸来帮助他们理解设计效果。画一张可以表现出物体各个部分的轴测图,并作好标注。

步骤

1. 从你家的厨房里挑选一个由两到三个部分组成的器具。(比如削皮器、菜铲或者冰淇淋勺)。
2. 画一张可以表现出该器具各个组成部分的轴测图,并作好标注。所有的紧固件,比如螺丝钉、铆钉和焊接点均需进行标注。

练习2.5 头脑风暴

目标

头脑风暴是培养和促进创造性思维的最佳办法。请记录所有的想法,因为在这次没有用到的想法说不定在下次会发挥作用。

步骤

1. 每4人组成一组,每一小组从下面列出的设计任务中选择一个进行挑战。
2. 进行头脑风暴,找到可能的解决方案。
3. 创建一个记载核心标准(花费、形状、安装、功能等等)的图表,用来评价头脑风暴产生的设计方案。
4. 创建一个可以当做抉择矩阵的标准矩阵,如同表2-1。
5. 创建一个头脑风暴评价矩阵。这个矩阵必须以你们团队拟定的核心标准为基础。
6. 给每一个解决方案评分(从1到10),如同表2-2。

标准	头脑风暴解决方案	标准描述	对解决方案的评价
吉他材料	山胡桃木	材料必须方便使用。	山胡桃木的材料硬度非常高,所以它不适用于数控机床。

表2-1 标准矩阵样本。

吉他材料的选择	解决方案	描述	评价 1=不好,没有满足标准 5=非常好的,比标准还要好				
			1	2	3	4	5
	山胡桃木	木头非常硬	√				
	枫木	木头硬度适中——曾经被用于制作过吉他。				√	
设计挑战1:吉他设计							
你需要为一个你最喜爱的乐团的首席吉他手设计一把吉他(由团队一致决定)。这个吉他必须符合该乐团的流派与风格。请运用头脑风暴方法想出解决方案。							
设计挑战2:手机设计							
一个新的手机生产商想要以一款专门为青少年设计的手机打入市场。这款手机应该有怎样的外观?有哪些特点?							
设计挑战3:储物柜管理策略							
学生上学或者放学回家的时候,经常将作业和活页夹忘记在储物柜中。这将导致他们迟交作业,进而得到低分。设计一个可以帮助学生记住将作业带走的解决方案。任何方案,无论是从储物柜方面考虑还是从记事本、手机等角度出发,都可以进行考虑。							
设计挑战4:提出你自己的问题							
以团队为单位,提出一个问题,并在头脑风暴过程中找到解决方案。							

表2-2　评价矩阵样本。

CAD

计算机辅助设计(CAD)是将设计转变为制造过程的一个重要步骤。CAD模型可以让人们直观地看到设计效果,也方便了人们利用分析工具来帮助进行产品设计或者项目决策。

练习2.6　构建CAD模型

目标

将手绘草图练习中的部分草图制成CAD模型。

步骤

1. 选择一张你在练习2.3,练习2.4,练习2.5里画好的草图。
2. 将草图画到CAD中。你可能需要做一些逆向工程以找到该物体的尺寸信息。

练习 2.7　零件逆向工程

目标

将一些随手可得的物体制作成CAD模型,以创建一个在后面课堂中会用到的数据信息库。

步骤

选择Kinetix或者是VEX品牌的零件,将它们重新画成CAD模型,所有的这些零件模型将被收入数据库。将来其他学生在设计中如使用Kinetix或VEX零件便可直接调用该数据库。注意将零件的所有尺寸都标上。

练习 2.8　CAD产品调查

目标

许多软件都可以进行3D建模,请你找出两个用于机械设计和建筑设计的CAD软件产品。

步骤

1. 两人一组。
2. 许多不同的公司都开发了CAD软件,用于普通工业设计或者特殊工业设计。
3. 将你找到的CAD软件产品列入表格中,参见表2-3。

CAD软件名称	研发公司	使用领域	使用平台(PC、MAC、Xbox、PS3、手机)	价格
Aspire	Vectrix	木工	PC	$795

表2-3　CAD软件信息样表。

4. 将每一个小组找到的CAD软件工具包集中在一起,列成一张表,算出平均个数,并基于以下标准,进行评分:

- 找到最多CAD软件产品的团队:100分
- 高于平均个数的团队:80~90分
- 等于平均个数的团队:75分
- 低于平均个数的团队:65~75分
- 未找到CAD软件产品的团队:0分

探索并选择方法

值得注意的是,设计问题的解决方案不止一个,设计过程中的头脑风暴和方法选择将会帮助我们得出最终的解决方案,图2-2展示了一个正在讨论解决方案的设计团队。

图2-2　团队讨论解决方案。

头脑风暴、规范化和方案记录

所有的团队都要经历步骤明确的方案深化阶段。依据团队以及团队成员的具体情况,每个阶段的进度会有所不同。清楚认识这些阶段的安排将会使你成为一个高效的团队成员,并使整个团队快速进入充满创造力的氛围。

开会　第一次项目会议通常是团队成员介绍,让彼此互相了解。对于团队而言,每一位成员的角色都是不同的,同时他们也会有着各自的目标和计划。

头脑风暴　团队会议通常包括了头脑风暴或者是有利于得出设计方案的各抒己见。很多时候,最终的决定并不是最开始的那一个想法,它会经过多次会议的讨论而得到改进。

规范化　一旦头脑风暴阶段结束,其中的某个想法就会成为初步的解决方案。或者是多个想法综合在一起形成一个解决方案。这个过程称为"规范化"。它是确保团队成员一致同意最终解决方案的关键步骤。

决议　决议是最后一个阶段,它正式确立了大家一致同意的那个解决方案。在方案最终被记录之前,它其实是不确定的。

记录　记录团队的解决方案是非常重要的一个步骤。团队可以有很多种方法来记录。其目的在于能够清楚地将想法传递给决策人——顾客、投资商、公众、政府等。交流的形式可以是手写、口述、电子文档、媒体展示(比如视频图像)、图画、电子图表或者表格等。

团队管理　团队管理的最好方法就是倾听每一位成员的声音。每一位成员都会在方案形成的过程中提供有用的信息。

练习2.9　决定是怎样形成的?

目标

人们是怎样做决定的?研究并找到影响人们做出选择和决定的因素。做决定是一个复杂的过程,是什么影响了决定?为什么一个选择会比另一个好?

步骤

回答下列问题:一个人是怎么做决策的?

在网上搜索一下决定是怎样形成的。写一篇两页的文章(12磅字体,1.5倍行距)分析决策是怎样形成的。你需要在文章最后一段解释一下是什么因素影响了你的决策。

练习2.10 抉择矩阵

目标

为一份设计概要制作一个抉择矩阵。捕捉设计概要以及与客户谈话中的重点是非常重要的,因为这关系到了是否能满足客户的需求。

步骤

为下面的设计概要制作一个抉择矩阵。

设计概要	
客户	办公用品商店
设计师	马特
问题陈述	图钉很容易从包装盒挤出来或从置物架上掉落下来,当使用者取图钉时,还经常被戳到。
设计要求	可摆放在办公桌上的精巧的图钉收纳装置。
约束条件	1. 两周期限。 2. 销售定价不能超过8.50美元。 3. 必须防止顾客使用图钉时被戳到。 4. 必须能容纳50枚图钉。 5. 必须使用可再生资源材料。

练习2.11 工程团队角色扮演

目标

运用本章学习到的概念,创造一个由下列角色构成的团队。根据设计概要里所提供的信息,一起努力得出解决方案。需要关注的因素包括:合作意识、工程标准研究、相似解决方案,还有与政府的沟通。

步骤

请参考以下提示和设计概要完成本次练习。

1. 进行分组,每组有8~10名学生。
2. 老师会提供一些描述以下团队角色工作职责的纸条。每一个学生抽取一张纸条。
a. 公共事业公司的电子工程师(最多两名)——负责将风电场连接到电网。
b. 热心市民(最多两名)——对风电场噪音、鸟类减少、限定输出功率等问题了解甚多。
c. 风电场管理工程师——负责风电场项目(解决风电场所有的技术问题)。

d. 风电场结构工程师——负责风力发电机的结构设计。

e. 风电场电子工程师——设计电气连接方式和接口。

f. 地方政府官员——管理城市发展。

g. 研究风场类型的气象专家。

h. 城市规划工程师——作为风电厂的顾问确定风电场位置。

你们有45到60分钟的时间来完成初期的头脑风暴会议。然后每个团队就要以口头报告的形式向其他同学展示你们的研究成果。

利用以下设计概要了解评价标准和约束条件。

风电场开发设计概要
问题陈述： 得克萨斯州西部的小镇特克斯霍米克斯被认定为适合发展风电场。风电场与市中心的距离不能超过35英里(56千米)，并且需要建立40个1.65兆瓦(MW)的风力发电机。
设计要求： 你们需要决定如何排布连接到风力发电机的高压馈电线，并确定相邻风力发电机之间的距离。同时你们还需要决定是否要有维修通道，查询当地或者该州有关风力发电机的法律法规，可能还需要查询美国能源部的联邦法规。布鲁峡谷风电场，是得克萨斯州一个正在运作的风电场项目，它对于风力发电机的放置以及有关这一类项目的问题都可以提供有效的借鉴。

图2-3 伫立在得克萨斯西部干燥草原上的风力发电机。

材料

- 可连接到网络的电脑
- 打印机(为便于地图处理推荐使用彩色打印机)
- 截屏软件和图片编辑软件

风电场项目角色扮演

1. 电子工程师,公共事业公司(最多两名)

a. 角色:负责将风电连接到电网。

b. 表演:这个角色的任务是研究和选定高压线的位置。通过利用地图软件以及调查当地的电力公司,他们应该能够为高压线选定位置。

2. 热心市民(最多两名)

a. 角色:这些人担心风电场的位置会太靠近农舍或城镇。

b. 表演:调查风电场噪音、周边野生动物和安全事项。

3. 风电场管理工程师

a. 角色:这个人负责风电场项目并解决风电场所有的技术问题。

b. 表演:研究风电场以及分析利用风力发电的优缺点。

4. 风电场结构工程师

a. 角色:这个人需要解决风电场的布局(主要是高压脊)问题以及确定需要建设哪些基础设施(基座、电、水等等)。

b. 表演:研究风力发电机的安全性以及使发电机运转所需的基础设施。

5. 风电场电子工程师

a. 角色:这个人研究风电场的效率问题,并满足管理工程师和热心市民的要求。同时他也必须和公共事业公司的工程师一起将风电接入电网。

b. 表演:调查距项目所在地最近的高压电线位置,绘制配电方案。

6. 地方政府官员

a. 角色:这个人管理城市发展并且需要研究与风电场有关的国家或地方法规。

b. 表演:研究与风力发电有关的地区级和国家级建设法规。

7. 研究风场类型的气象专家

a. 角色:这个人利用国家气象局的信息来研究风场类型、闪电和其他问题。他的调查报告交给结构工程师以确定塔的结构。

b. 表演:研究项目区域里的风速。

8. 城市规划工程师

a. 角色:这个人担任风电厂的顾问以确定场地位置。他的任务包括调查风电场,尤其是布局模式和接口问题,与结构工程师、地方政府、气象专家、热心市民、公共事业公司、管理工程师一起合作拟定合理的规划图。

b. 表演:作为旁白解释风电场团队是如何做设计的,并向观众进行展示。

结论

每个团队需要回答的问题如下:

1. 你们选择了哪个地方用于建造风电场?

a. 你们为什么选择这个地方?(在地图上标出位置。)

b. 附近有没有可以接入到电网的高压电线？

　　c. 有没有通往该区域的道路？

　2. 在特克斯霍米克斯镇，与风力发电机相关的地区法规有哪些？

　3. 在这个区域里放置发电机有什么结构或者地质问题吗？

　4. 放置一台风力发电机的成本大约是多少？如果需要放置40台呢？

练习2.12　快速成型技术

目标

　　快速成型技术发展于20世纪90年代中期，它能在短时间内将概念模型变成设计师手中的实体模型。快速成型技术有许多方法可供选择，本次练习将探索如何选择这些方法。

步骤

　1. 了解各种快速成型的方法，包括加料方法和减料方法。

　2. 选择一种快速成型技术，并找到一家使用这种技术的公司。

　3. 将班级分成几个研究小组，并在当地找到一家为工厂客户提供快速成型技术的公司，并研究这种技术的优点。

　4. 每一个团队选择一种快速成型方法，并制作一个4页的PPT报告，解释为什么你选择的方法要比其他的好。

　5. 全班进行投票选出最有说服力的报告。

练习2.13　网上比较成型技术价格

目标

　　成型技术的价格因工艺和材料的不同而有所变化。确定用成型技术制作一个模型所需费用。

步骤

　　用CAD设计软件画出3D模型，并用班级咨询邮箱将模型发给快速成型技术报价网站。让他们计算出用不同的快速成型方法制作该模型所需的费用，并提供相应的报价。

　1. 用电子表格列出快速成型工艺、价格以及所需时间。

　2. 为什么这些工艺之间会有价格差异？

　3. 选择一种工艺并写一份说明报告，列出让你的项目经理（老师）投资这种方法的理由。

使用分析工具

　　电子表格可用于分类、组织你收集的数据，它们还可以对数据进行分析，引导你选择一个合理的解决方案。

练习 2.14 用电子表格计算利润

目标

用电子表格计算利润。

步骤

1. 通过研究下列收入和支出列表,试着经营一个10分钟更换机油的服务。并创建一个电子表格,计算每次换油所需花费。

- 更换机油的价格
  (5夸脱油):$27.50
- 技术人员工资:每小时$10
- 油:每夸脱 $1.50
- 过滤:每次过滤$2.50
- 其他添加剂:每辆车$1.50
- 耗材(布):每辆车$1
- 回收利用费用:每辆车$1.50

2. 如果这个服务雇佣了一个技术人员,每个小时能更换4辆车的机油。那么一天工作8小时能赚多少钱(收入减去支出)? 一周工作六天能赚多少钱?

3. 如果技术人员的工资涨到每小时$12,那么每天的利润有什么变化? 每周的变化呢?

练习 2.15 电子表格的分类和强调

目标

利用现有的电子表格进行分类结算。

步骤

利用图2-4的数据制作一张表格(或许你的老师会为你们提供现成的表格。)再使用分类工具比较车的销售价格和指导价,确定哪一位经销商的优惠幅度最大。除此之外,你还可以用条件筛选工具来凸显折扣低于95%、90%和80%的经销商。

经销商	价格	手续费	税+营业执照	税后价格	指导价	折扣率
经销商 A	$25 957.49		$1787.24	$27 744.73	$26 633.00	
经销商 B	$24 827.59	$250.00	$1713.79	$26 791.38	$26 633.00	
经销商 C	$25 417.00		$1752.11	$27 169.11	$26 633.00	
经销商 D						
经销商 E	$25 058.00		$1728.77	$26 786.77	$26 633.00	
经销商 F					$26 633.00	
经销商南 A	$24 533.00		$1694.65	$26 227.65	$26 633.00	
经销商南 B	$25 470.00		$1755.55	$27 225.55	$26 633.00	
经销商南 C	$23 903.00	$399.00	$1653.70	$25 955.70	$26 633.00	
经销商南 D	$25 709.00	$599.00	$1771.09	$28 079.09	$26 633.00	

图2-4 电子表格样张。

练习 2.16　租车 vs 买车

目标

从经济学角度判断是否买车比租车划算。

步骤

找一辆你喜欢的车,研究一下这种车的价格(网页上会有经销商报价和指导价)。利用该数据,制作一份电子表格,计算一下用车3年所需要支付的费用。分别计算购买使用该车的费用(有贷款和无贷款)以及租用该车的费用。对于用贷款买的车,以10%的销售价格作为预付定金。贷款的利息将根据你的金融信用记录,也就是信用评分,而有所不同。信用评分从400分到900分不等。在这个项目中,假设你的信用评分为750分,这样,你买车和租车时就能享受最优惠的利率。这个利率可以在当地银行、汽车经销商或者是网上查到。

奖励任务:弄清楚用车6年所需要的费用。一种是购买该车使用6年的费用,另一种是租用两辆车,第一辆车从第1年用到第3年,第二辆车从第4年用到第6年,价格涨10%(租用的车不能连续使用6年,所以你必须租两辆车,每一辆用3年)。

双倍奖励任务:基于正常费用标准,估算一下养车6年所需要的服务费(或者是租两辆车所需的服务费)并利用这些数据得出最佳选择:买车好还是租车好。

设计问题

接下来的设计问题可以由两个人的小组或者是一个人解决。每一个问题可能都会有独一无二的结果。如果是一个人解决问题,那么在经过头脑风暴步骤以后,找到另外一个人(可以是同学或者家人)依照标准指标帮你改进方案,并以顾客的身份签名。

练习 2.17　软饮料瓶设计

目标

设计一种新的软饮料瓶。

步骤

一家软饮料制造商新研发了一款针对青少年的产品,现需要为该产品的容器设计一个主题风格。这种新的款式必须适用于所有的瓶装类型(12盎司的罐头,16.9盎司、20盎司和2升的瓶子)。市场营销活动必须和青少年喜爱的户外运动结合在一起。

值得注意的是,不同类型的容器材料有所不同,所以你的设计必须适用于所有类型的材料并能够适应未来的新材料。

为三类容器(罐头、小瓶、大瓶)绘制设计草图,解释每个设计如何体现主题风格,并且为这些容器设计一个统一的颜色方案。

练习 2.18　电源线管理

目标

制定一个管理电源线的方案。

步骤

电话、照相机、MP3 播放器等都有专用的电源线和插头。一些制造商使用标准化的插头,但有的却没有使用。大多数人常常把电源线和插头放在抽屉里或者随意放在一边,很容易导致损坏或者遗失。运用你所学的工程知识设计一个新的方法来管理电源线和插头。你可以语言阐述,画草图或者两者同时运用。

练习 2.19　行李秤

目标

设计一种可以精确测量行李重量的工具。

步骤

航空公司现在开始向旅客征收托运行李的费用,他们同时也限制了托运行李的质量:不能超过 50 磅。如果你的行李超过了这个质量,那么你需要支付额外的费用。

设计一种可以精确测量任何一件行李质量的工具。这个工具应该既小巧又轻便,以便放在随身携带的行李中时,几乎不会增加额外的质量。制作一个设计稿,包含草图和文字,突出体现你所设计的行李秤特点和外观。

接上页

接下页

姓名		日期	
证明人		日期	个人信息

接上页

接下页

姓名		日期	
证明人		日期	个人信息

接上页

接下页

姓名		日期	
证名人		日期	个人信息

接上页

接下页

姓名		日期	
证名人	日期	个人信息	

第3章
机械效益

头脑准备

在学习本章的概念时,请思考下面的问题:

- 力是什么? 它怎样被运用?

- 功和功率之间的区别是什么?

- 什么是机械效益? 对于动力和负载,如何在力和距离之间进行权衡?

- 机器的实际机械效益(AMA)和理想机械效益(IMA)的不同之处在哪里? 为什么其中一个总是比另外一个要小?

- 六种简单机械分别是什么? 怎样计算它们的机械效益?

- 复合机械是什么? 怎样计算它的理想机械效益?

背景

力、功和功率

如果你打算在房间内移动床的话,你很可能会不自觉地弯下腰来使力的方向和床移动的方向保持一致。

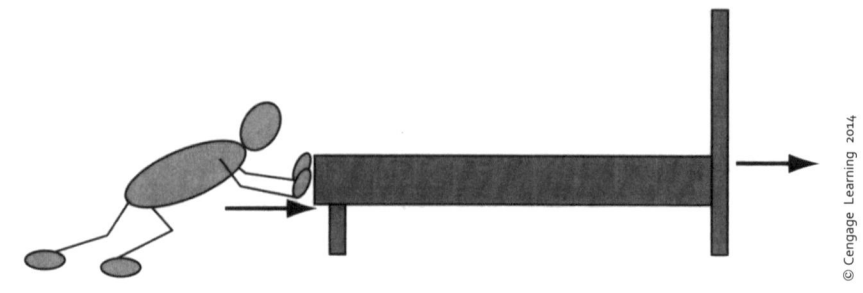

图3-1A　作用力与运动方向一致。

这是因为你本能地知道这样做比较省力,因为作用力方向与运动方向保持一致,而与摩擦力的方向相反(图3-1A)。同样,你也会本能地明白如果你站着推床,作用力的方向斜向下,那么移动床时会更加困难一些(图3-1B)。

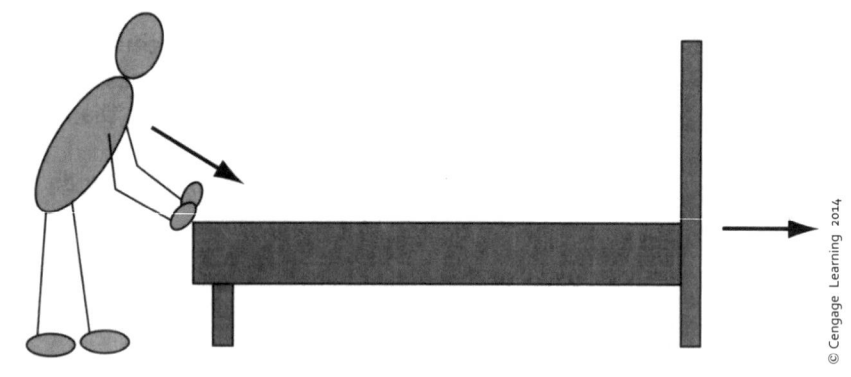

图3-1B　作用力方向斜向下。

要知道,力是一个矢量,这意味着它既有大小(关于"多少"的问题)又有方向(关于"哪个方向"的问题)。当一个人施加一个有角度的力时,如图3-1B所示,这个力可以被分解为水平方向上的分力和垂直方向上的分力。水平方向上的力 Fx,用来抵消摩擦力并使床在地板上移动,垂直方向上的力 Fy,仅仅就是把床向下压(实际上,这会增大施力者所要克服的摩擦力)。图3-1C就是一个力的分解图,F 是合力,Fx、Fy 是分力。

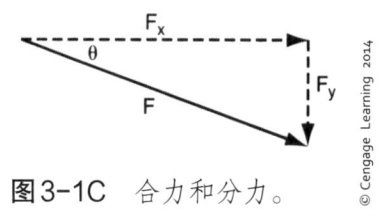

图3-1C　合力和分力。

作用力中只有水平方向的力 Fx 对床的水平移动做了功。

在练习3.1中,人推床使它移动,这时只有水平分力 Fx(与物体运动方向相同)才使箱子发生移动,为了算出 Fx 的数值,要用到余弦函数:

$$\cos\theta = \frac{\text{直角三角形的邻边}}{\text{直角三角形的斜边}}$$

$$\cos\theta = \frac{Fx}{F}$$

$$Fx = F\cos\theta$$

练习3.1 功和功率的计算

目标

通过本次练习,你将学会以下技能:

1. 运用三角函数计算 Fx。
2. 计算人对物体所做的功。
3. 计算功率。

步骤

阅读《工程原理(上)》第3章"机械效益"中有关力、功和功率的部分。

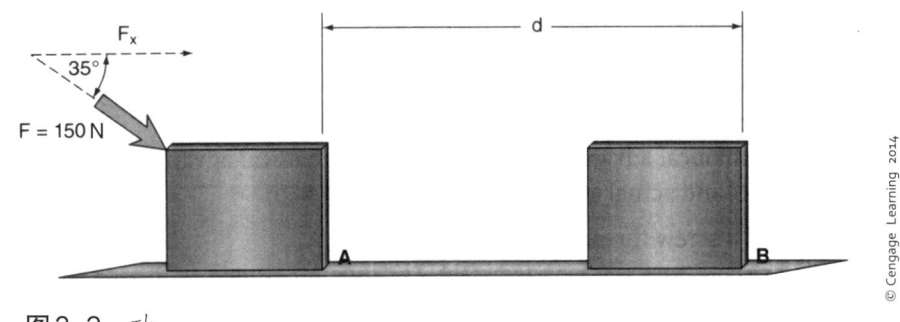

图3-2 功。

1. 在图3-2中,一个150牛的力持续作用于一个箱子,方向斜向下,与水平方向成35°夹角。该力用来克服摩擦力,使箱子在10秒内从A点移动到了B点,位移为8米。运用这些信息回答以下问题,在空白处写下数学公式。

a. 水平方向上的分力 Fx 的值是多少?

$Fx=$ _____

b. 这个力对箱子做了多少功?

$W=$ _____

c. 功率是多少?以瓦为单位。

$P=$ _____

简单机械

探索你的世界

找到四种不同的利用简单机械原理的厨房工具、园艺工具或者其他工具,给每一个工具都画一张示意图,包含以下内容:

- 工具的尺寸(长度、宽度或者高度)
- 工具的使用方法
- 工具所包含的简单机械类型

课本图3-43是一张带有注释的示意图,可供参考。

练习3.2　计算机械效益

目标

通过本次练习,你将学会以下技能:

1. 认识六种简单机械。

2. 计算斜面的理想机械效益(IMA)、实际机械效益(AMA)、效率、理想作用力、实际有效作用力。

3. 计算楔子的理想机械效益(IMA)、实际机械效益(AMA)、承载力、理想作用力。

4. 认识三种杠杆类型。

5. 计算杠杆的理想机械效益(IMA)、实际机械效益(AMA)、理想作用力、实际有效作用力。

6. 计算轮轴系统的理想机械效益(IMA)、实际机械效益(AMA)、理想作用力、实际有效作用力。

7. 计算滑轮系统的理想机械效益(IMA)、实际机械效益(AMA)、动力绳长度、理想作用力、实际有效作用力。

8. 确认螺纹的螺距。

9. 计算螺丝的理想机械效益(IMA)、效率、理想作用力、实际有效作用力。

步骤

阅读《工程原理(上)》第3章"机械效益"中有关机械效益的部分。

问题3.1　利用图3-3所示的斜面将重物L抬升竖直高度h。推动物体所需的最小实际有效作用力为50 N。已知L=100 kg,θ=25°,h=42 m,回答以下问题,在空白处写下推导过程。

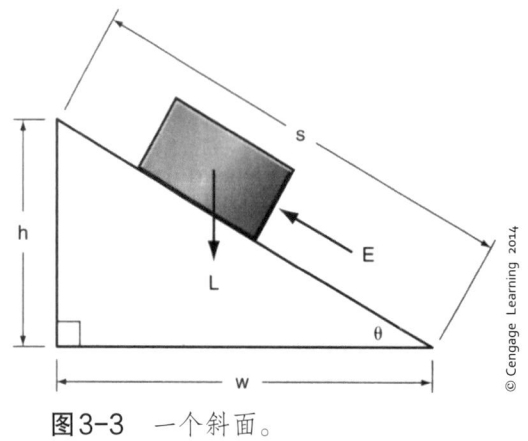

图3-3　一个斜面。

1. 计算斜面斜坡的长度s。

$s=$ _____

2. 计算斜面的理想机械效益(IMA)。

$IMA=$ _____

3. 计算斜面的实际机械效益（AMA）。

　　$AMA=$ _____

4. 此斜面系统的效率（η）是多少？

　　$\eta=$ _____

5. 在不考虑摩擦力的情况下，将这个负载抬升至斜面顶部所需的理想作用力（E_I）是多少？

　　$E_I=$ _____

问题3.2　表3-1包含了四个斜面A、B、C、D的相关数据。运用已知的数据计算这四个斜面所缺失的数据。在空白处写下推导过程。

	重物质量(kg)	斜坡长度(m)	斜面高度(m)	斜面底部长度(m)	斜面倾角(°)	E_I理想作用力(N)	E_A实际有效作用力(N)	IMA理想机械效益	AMA实际机械效益	η效率(%)
A	20.00		8.20	22.65	20.00	6.82	9.89			
B	100.00	24.00			20.00			2.90	2.20	
C			96.00	132.54			88.91		1.10	0.66
D	50.00		96.00		30.00	25.00		2.00	1.00	

表3-1　斜面参数表。

斜面A：

斜面长度：_____　　　IMA：_____
AMA：_____　　　　　η：_____

斜面B：

高：_____　　　　　底部长度：_____
E_I：_____　　　　　E_A：_____
η：_____

斜面C：

重物质量：_____ 斜面长度：_____
斜面倾角：_____ E_I：_____
IMA：_____

斜面D：

斜面长度：_____ 底部长度：_____
E_A：_____ η：_____

问题3.3 图3-4A中展示的液压动力劈木机可将大木块劈成两半。装在设备末端的楔子就是用来完成切割的动作。楔子的形状是一个等腰三角形，底为6英寸，高为12英寸。劈开图中的木块所需的力为300牛。楔子切割的效率是80%，运用已知数据回答以下问题。在空白处写下推导过程。

(A)　　　　　　　　　　　　　(B)

图3-4 （A)劈木机和(B)楔子的剖面。

1. 楔子的斜边长是多少？

$S=$ _____

2. 这个楔子的理想机械效益（IMA）是多少？

$IMA=$ _____

3. 这个楔子的实际机械效益(AMA)是多少?

   AMA=_____

4. 在楔子进行切割的时候,木头对楔子产生多大的阻力?

   阻力=_____

5. 在不考虑摩擦力的情况下,劈木头所需的理想作用力(E_i)是多少?

   E_i=_____

问题3.4 图3-5中的杠杆X,Y,Z代表着不同的杠杆系统。辨别下面的三个杠杆分别属于哪一类杠杆。在空白处写下答案并说明理由。

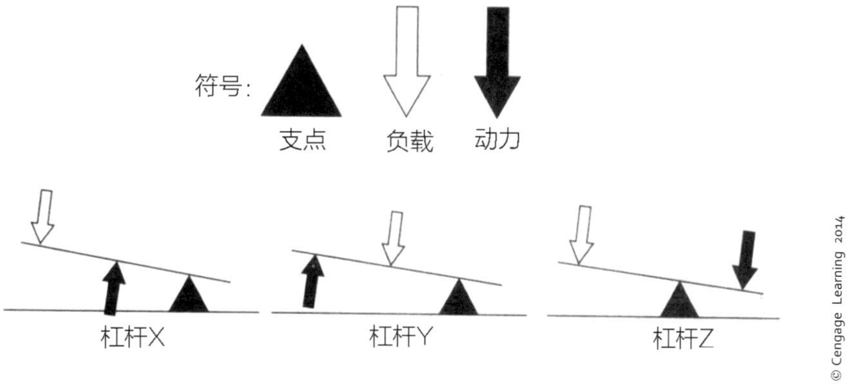

图3-5 杠杆X,Y,Z。

1. 这一类杠杆总是费力的:
   _____

   阐述你选择的理由:
   _____
   _____

2. 这一类杠杆总是省力的:
   _____

   阐述你选择的理由:
   _____
   _____

3. 这是第一类杠杆：
_____

阐述你选择的理由：
_____
_____

4. 这是第二类杠杆：
_____

阐述你选择的理由：
_____
_____

5. 这是第三类杠杆：
_____

阐述你选择的理由：
_____
_____

问题3.5 图3-6中的杠杆的效率为75%。杠杆上的重物质量为150 lb。运用以上信息回答下列问题，在空白处写下数学公式。

1. 图3-6中的杠杆属于哪一类杠杆？

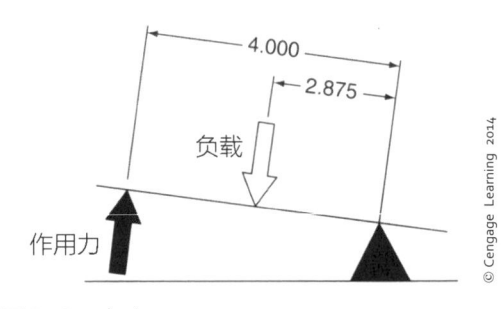

图3-6 杠杆。

2. 这个杠杆的理想机械效益（IMA）是多少？

$IMA=$

3. 这个杠杆的实际机械效益（AMA）是多少？

$AMA=$

4. 在不考虑摩擦力的情况下，推动杠杆所需的理想作用力（E_i）是多少？

$E_i=$

5. 需要多大的实际有效作用力(E_A)作用于杠杆才能撬动重物？

E_A=_____

6. 怎样改进这个机械装置才能提高理想机械效益(*IMA*)？

_____

_____

问题3.6 如图3-7所示，用绞车将一桶重为40磅的水从深井里吊上来，该绞车的效率为85%，绞车轴的直径为4英寸，手柄离轴中心的距离为12英寸，运用以上信息回答下列问题，在空白处写下推导过程。

1. 轮轴的理想机械效益(*IMA*)是多少？

IMA=_____

2. 轮轴的实际机械效益(*AMA*)是多少？

图3-7 一个轮轴系统。

AMA=_____

3. 在理想条件下，将一桶水从井里提上来，需要多大的力作用于手柄？

E_I=_____

4. 在实际情况下，将一桶水从井里提上来，需要多大的力作用于手柄？

E_A=_____

问题 3.7 图 3-8 中滑轮系统的机械效益为 70%，若要将一个重为 160 磅的重物抬升 7.2 英寸，运用以上信息回答下列问题，在空白处写下推导过程。

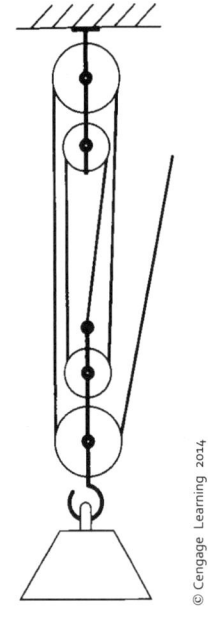

图 3-8 滑轮系统。

1. 滑轮系统的理想机械效益（IMA）是多少？

    $IMA=$ _____

2. 滑轮系统的实际机械效益（AMA）是多少？

    $AMA=$ _____

3. 如果重物升高了 7.2 英寸，那么使用者手中的牵引绳需要拉动多长的距离（d_E）呢？

    $d_E=$ _____

4. 拉动这个滑轮系统中的负载所需的理想作用力（E_I）是多少？

    $E_I=$ _____

5. 拉动这个滑轮系统中的负载所需的实际有效作用力（E_A）是多少？

    $E_A=$ _____

问题3.8 图3-9中的夹钳有一根（英制螺纹）3/8-16UNC的螺杆，转动图中这个4英寸长的手柄便可产生500N的夹持力。这台机器的实际机械效益（AMA）为250，运用以上信息回答下列问题，在空白处写下推导过程。

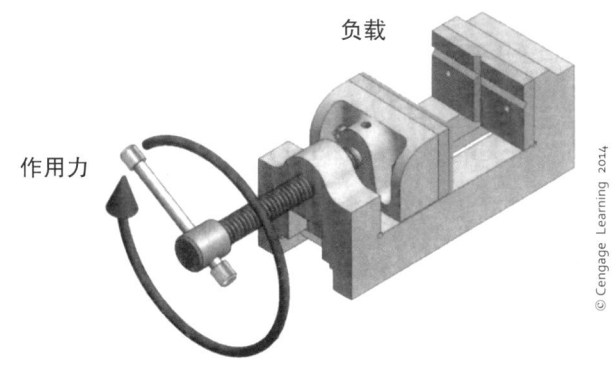

图3-9 螺杆式夹钳。

1. 这根螺杆的螺距是多少？参考课本里的式3-14。

    $P=$ _____

2. 螺杆的理想机械效益（IMA）为多少？

    $IMA=$ _____

3. 这根螺杆的效率（η）为多少？

    $\eta=$ _____

4. 需要将多大的理想作用力（E_I）作用于夹钳手柄才能夹牢物体？

    $E_I=$ _____

5. 需要将多大的实际作用力（E_A）作用于夹钳手柄才能夹牢物体？

    $E_A=$ _____

探索你的世界

高空作业台是一个用数根绳子和滑轮悬挂起来的类似座椅的装置,操作者可以坐在上面,利用绳子和滑轮自由控制升降,进行高空作业。高空作业台的英文是boatswain's chair或bosun's chair,意为帆缆长的椅子,帆缆长主要负责管理船上的帆缆装置和设备。

- 以boatswain's chair或bosun's chair为关键词,在网络上进行搜索。调查一下高空作业台上的滑轮系统为什么可以让操作者控制自己身体的升降。
- 列出高空作业台除船上用途之外的四种使用环境。使用者需要在无他人协助的条件下控制自己身体的升降(如树屋上的升降梯)。

练习3.3 设计挑战

目标

通过这个设计挑战,你将能够:
1. 根据你了解到的高空作业台的功能,利用滑轮系统设计一种精巧的、手动操控的抬升装置。
2. 利用加注释的草图交流设计思想。
3. 计算装置的机械效益和所需的理想作用力,分析该装置的合理性。

步骤

将前面"探索你的世界"中调查到的有关高空作业台的资料进行整理。列出高空作业台的四种使用环境。注意,有些高空作业台可以让操作者站着或躺着进行作业,而不仅仅是坐着。

设计概要	
问题陈述	在很多特殊场合,需要一个人在无他人协助的条件下,利用手动升降装置控制自己身体的升降。
设计要求	设计一种精巧的升降装置,用于某种特定场合。让使用者利用滑轮系统控制自己身体的升降。
约束条件	1. 最大理想动力不能超过20 N。 2. 该装置必须使用滑轮系统,并拥有安全设施,要为操作者提供承载(例如:座椅、吊带、平台等)。 3. 滑轮系统必须能够承受操作者的体重以及承载物的质量。
应提交成果	• 画出整个升降装置的简图,包括滑轮系统和绳子,控制机构,承载机构等。该简图必须标注大致尺寸,注明这个装置是如何工作的以及它能抬升多大高度,参见课本图3-43。 • 画出滑轮系统的细节图。图中必须注明绳子的长度,系统的最大承重能力,系统的机械效益以及抬升目标负载所需的理想作用力。

第4章
机械构造

头脑准备

在学习本章的概念时,请思考下面的问题：

- 传动机构有哪些不同类型？它们分别有哪些应用？

- 凸轮和从动轮有什么作用？哪些机械中包含凸轮和从动轮？

- 简单齿轮组和复式齿轮组有什么区别？

- 怎么计算简单齿轮组和复式齿轮组的齿数比、转速比、转矩比？

- 链传动机构由哪些部分组成？

- 在设计一个链传动机构时,工程师需要考虑哪些因素？

步骤

阅读课本第4章"机械"中连杆的部分。

探索你的世界

在你的家中至少找到一个使用连杆系统的物体(参考,《工程原理(上)》课本的图4-1a,b,c所示的物体)。给这个物体画出示意图(参考课本图2-11)和立体草图(参考课本图2-12),标明摇杆、曲柄、连接杆、滑块或铰链。解释这个连杆系统是怎样控制器件的运动的。

凸轮和从动件

练习4.1 计算凸轮的位移

目标

通过本次练习,你将学会以下技能:

1. 画出一个凸轮的基圆。
2. 确定一个凸轮的近毂半径(最短径向距离)和远毂半径(最长径向距离)。
3. 画出一个凸轮的位移曲线,辨别该凸轮上升、下降和暂停的时刻。

步骤

阅读课本第4章凸轮和从动件的部分。

材料

- 圆规(制图用)
- 精度为1/16英寸的标准尺(见课本图14-3)

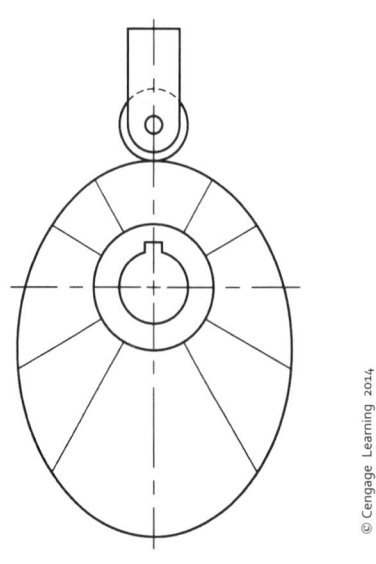

图4-1 一个凸轮和从动件的示意图。

测量图4-1中的凸轮和从动件系统,完成以下练习题。

1. 用圆规仔细地画出图4-1中的基圆。

2. 在图4-1中,以凸轮轴心为圆心进行径向划分,把从动件与凸轮轮廓的接触点定为0°,以30°为增量顺时针方向旋转递增。(例如,课本的图4-12a)。

3. 测量这个凸轮的最短径向距离,在相应的位置记录尺寸和角度。

最短的径向距离＿＿＿＿英寸,角度＿＿＿＿。

4. 测量这个凸轮的最长径向距离,在相应的位置记录尺寸和角度。

最长的径向距离＿＿＿＿英寸,角度＿＿＿＿。

5. 计算这个凸轮对应的从动件总位移。在以下横线处填上结果。

从动件总位移＿＿＿＿＿＿＿

6. 在图4-2中,画出图4-1所示凸轮和从动件对应的位移图。(假设从动件此时在0°的位置,凸轮沿逆时针方向旋转。)在凸轮位移图上标出上升、下降和暂停的阶段。参见课本图4-12b。

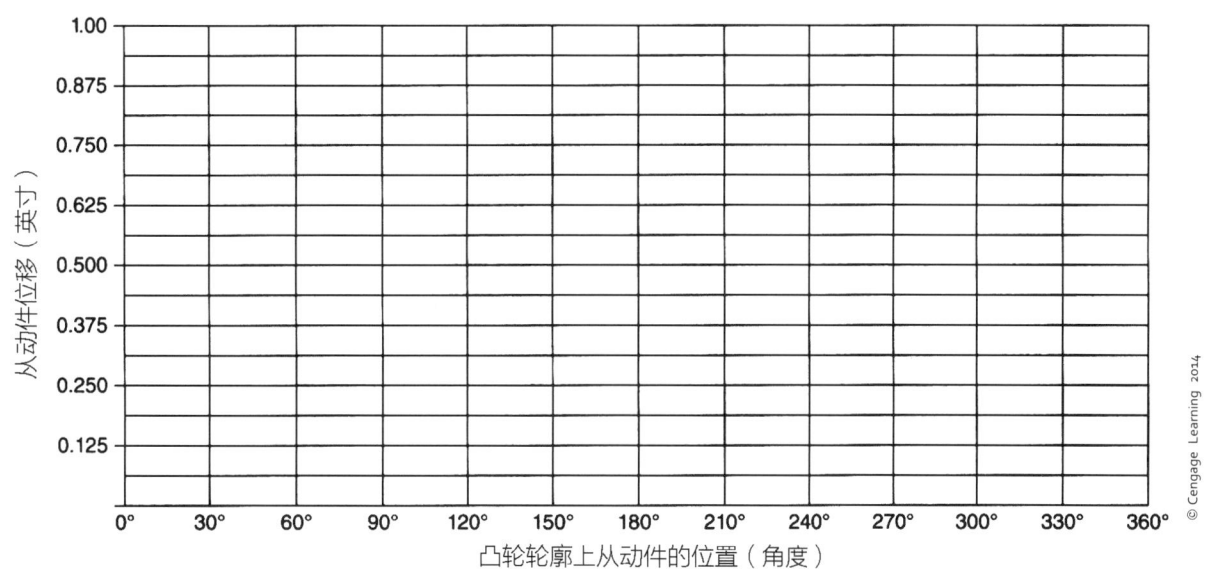

图4-2　画出图4-1所示凸轮的位移图。

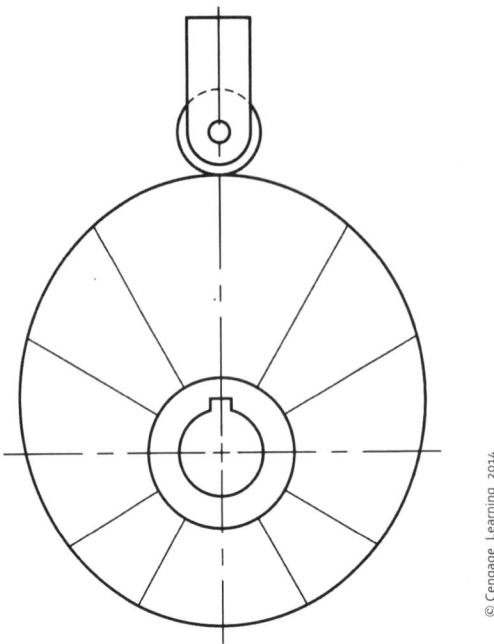

图 4-3 一个凸轮和从动件示意图。

根据图 4-3 中的凸轮和从动件系统,完成以下练习题。

1. 用圆规仔细地画出图 4-3 中的基圆。

2. 将图 4-3 中从动件与凸轮轮廓接触点标记为 0°,标记的角度以 30° 为增量顺时针方向依次递增。参见课本的图 4-12a。

3. 测量这个凸轮的最短径向距离,在相应的位置记录尺寸和角度。

最短的径向距离_____英寸,角度_____°。

4. 测量这个凸轮的最长径向距离,在相应的位置记录尺寸和角度。

最长的径向距离_____英寸,角度_____°。

5. 计算这个凸轮对应的从动件总位移。在以下横线处填上结果。

从动件总位移_____

6. 在图 4-4 中,画出图 4-3 所示凸轮和从动件对应的位移图。假设从动件此时在 0° 的位置,凸轮沿逆时针方向旋转,在凸轮位移图上标出上升、下降和暂停的阶段。参见课本图 4-12b。

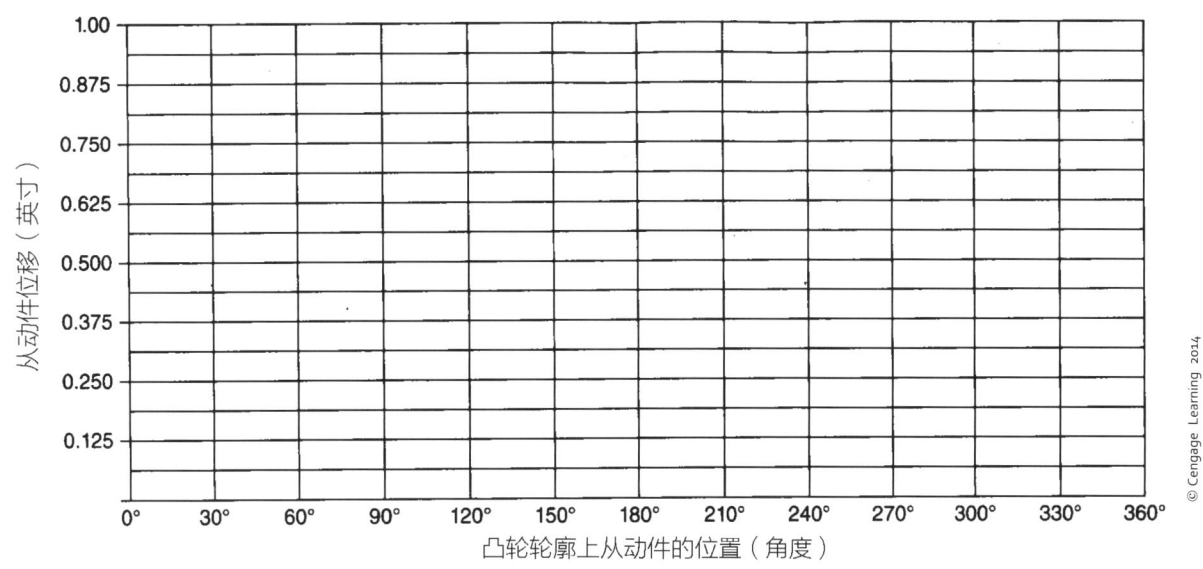

图4-4 画出图4-3所示凸轮的位移图。

齿轮组

练习4.2 计算齿轮组的转速比和转矩比

目标

通过本次练习,你将学会以下技能:

1. 理解齿轮组示意图。
2. 计算简单齿轮组和复式齿轮组的齿数比。
3. 根据齿数比判断一个齿轮组是加速齿轮组还是减速齿轮组。
4. 确定一个齿轮组的输入和输出之间的关系。
5. 计算输出齿轮轴的转速。
6. 计算输出齿轮轴的转矩。

步骤

阅读课本第4章齿轮的部分,回答以下问题。

> **小提示**
>
> 齿轮组的齿数比(GR)、转速比(SR)和转矩比(TR),必须以比例的格式表达,而不能以小数的形式表示。例如,加速齿轮组可以表达为1:n,减速齿轮组表达为n:1(在上述例子中,n代表大于1的数)。当你计算一个复式齿轮组的齿数比时,n一定不可以小于1。例如1:0.75,是一个错误的比例,应该进行分数变换。

问题 4.1　轴 A、B、C、D 上的齿轮分别有 30、10、20、40 齿。

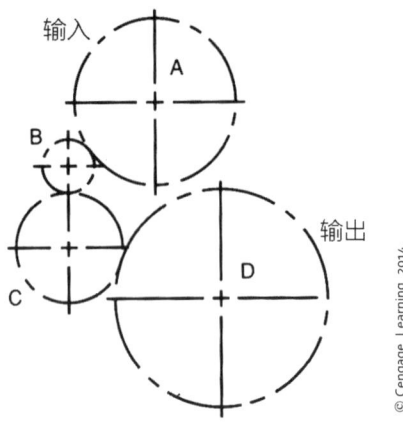

图 4-5　齿轮组示意图。

1. 图 4-5 所示的齿轮组是简单齿轮组还是复式齿轮组？为什么？

_____
_____
_____

2. 这个齿轮组的齿数比是多少？它代表加速还是减速？

_____
_____
_____

3. 如果轴 A 上的齿轮以顺时针方向旋转，轴 D 上的齿轮会朝什么方向旋转？

_____
_____
_____

4. 用弧线箭头标明齿轮组上每个齿轮的旋转方向（例如，↶ 或 ↷）。

问题 4.2　轴 A、Z、D 上的齿轮分别有 30 齿、40/10 齿、40 齿。

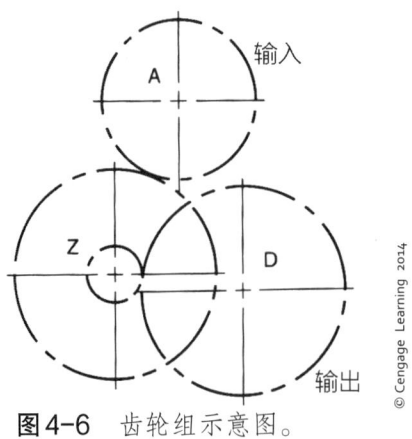

图 4-6　齿轮组示意图。

1. 图4-6所示的齿轮组是简单齿轮组还是复式齿轮组？为什么？

2. 这个齿轮组的齿数比是多少？它代表加速还是减速？

3. 如果轴A上的齿轮以顺时针方向旋转，轴D上的齿轮会朝什么方向旋转？

4. 用弧线箭头标明齿轮组上每个齿轮的旋转方向（例如，↻或↺）。

问题4.3 一个电动机连接着如图4-7所示的复式齿轮组的输入轴。电动机的转速为5000 RPM，产生的转矩为20 lbf·ft。轴A、B_1、B_2、C_1、C_2、D上的齿轮分别有10齿、40齿、20齿、40齿、30齿、20齿。

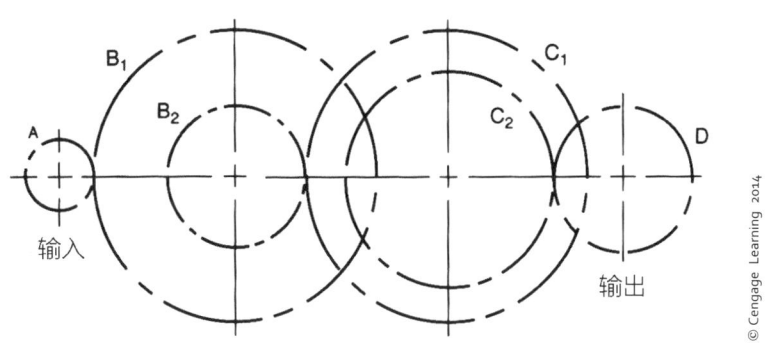

图4-7 一个不同的齿轮组示意图。

1. 这个齿轮组的齿数比是多少？它代表加速还是减速？

2. 输出齿轮轴的转速是多少？

3. 输出齿轮轴的转矩是多少?

问题 4.4 一个电动机连接着如图 4-8 所示的复式齿轮组的输入轴。齿轮组的输出齿轮转速为 140.58 RPM，产生的转矩为 106.7 lbf·ft。轴 A、B_1、B_2、C_1、C_2、D 上的齿轮齿数分别是 10 齿、40 齿、30 齿、40 齿、20 齿、40 齿。

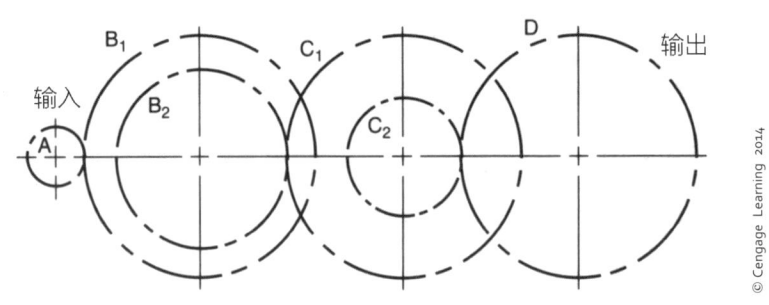

图 4-8 另一个的齿轮组示意图。

1. 这个齿轮组的齿数比是多少? 它代表加速还是减速?

2. 电动机的转速是多少?

3. 电动机给输入轴施加了多少转矩?

链轮和链条传动

练习 4.3　计算链条传动机构的转速比和转矩比

目标

通过本次练习,你将学会以下技能:

1. 计算链条传动系统的链传动比。
2. 计算链条传动系统输出链轮的转速。
3. 计算链条传动系统输入链轮的转矩。

步骤

阅读课本第4章"链轮和链条传动"的部分,回答以下问题。

图 4-9　自行车的链条和链轮机构。

问题 4.5　一辆山地自行车的踏板驱动一个40齿的链轮,通过一条滚子链条连接到后车轴上的15齿链轮。踏板驱动的链轮转速是 63 RPM,链轮输出转矩是 1000 lbf·ft。根据这些信息回答以下问题:

1. 图4-9所示的链条传动系统的链传动比是多少?

_____

_____

_____

_____

2. 输出链轮的转速是多少?

_____

_____

_____

_____

3. 输入链轮的转矩是多少?

_____
_____
_____
_____

探索你的世界

为了了解摆动的草地喷灌器是怎样同时利用齿轮和凸轮来控制设备前后运动的速率和持续时间的,请在网上搜索关键词"摆动""洒水器""草地"。

第5章
能量

头脑准备

在学习本章的概念时,请思考下面的问题:

- 能量有哪些不同形式?

- 能量是怎么传递的?

- 能量转换的例子有哪些?

- 功和能量的单位是什么?

- 一个系统的输入能量会都转换成有用功吗?

练习5.1 能量转换拼拼看

目标

这个活动的目的是认识物体或事件中相应的能量转换。

材料

- 剪刀
- 能量转换拼图

步骤

将能量转换拼图块剪开,在桌子上将它们混合。你的任务是将物体名称与相应的能量转换形式配对。本活动的难点在于拼图板的边界可能无法对齐。见图5-1所示的例子。

	X		X	
X	化学能→机械能	汽车	X	
	自行车		电能→热能	
	机械能→机械能	烤箱		
X	灯泡	电能→辐射能	X	
	X		X	

图5-1 拼图例子。

"化学能→机械能"与"汽车"匹配,"自行车"与"机械能→机械能"匹配,"烤箱"与"电能→热能"匹配,"灯泡"与"电能→辐射能"匹配。

完成之后,让你的老师检查你的拼图,并在下面横线处签字:

教师签名:_____ 日期:_____

能量转换匹配拼图

电能 → 辐射能 化学能 → 烟雾 辐射能　探测器 X 射线	辐射计 热能 → 灯泡 声音 动能 → 声音	核能 电能 暖手宝　收音机 电能 → 动能	电能 → 热能 电能 → 辐射能 核电站
荧光棒 电能 → 燃煤 声音　发电厂 微波炉	自行车 核能 树　→ 声音 动能 → 光	风车 两只手 太阳　相互摩擦 火箭	胶卷 化学能 → 钢琴　辐射能 电能 → 动能
原声吉他 化学能 → 　　　电视机 电能 动能 → 动能	化学能 → 机械能 化学能 放大镜 → 电能 辐射能 → 电能	熨斗 化学能 盖革　　炮竹 计数器 辐射能 → 动能	电扇 蜡烛　　汽车 洗衣机
发条玩具 化学能　电能 　→　　→ 声音　动能 辐射能 → 声音	手动发光电筒 电能 日光浴床 → 辐射能 化学能 → 辐射能	碟形卫星电视天线 动能 → 辐射能 → 热能　化学能 卷发钳	光电池 化学能 搅拌器 → 热能 辐射能 → 化学能

第 5 章　能量

练习5.2 点亮灯泡还是加热灯泡

目标

这个实验的目的是确定哪种类型的灯泡将电能转化成辐射能的效率更高。

材料

- 紧凑型荧光灯
- 白炽灯
- 2个灯座
- 温度计
- 时钟或者计时器
- 2个空的易拉罐,用黑色的电工胶带或黑纸包裹着,或者表面涂黑
- 水
- 量筒

步骤

1. 将1个紧凑型荧光灯安装在灯座上,把灯接入电源,打开开关。
2. 将1个白炽灯安装在灯座上,把灯接入电源,打开开关。
3. 往每一个易拉罐倒入20毫升水。
4. 在以下的数据表里记录水的初始温度(时间=0分钟),单位用°F。
5. 将一个易拉罐放在距离紧凑型荧光灯20厘米的地方。
6. 将另一个易拉罐放在距离白炽灯20厘米的地方。
7. 每隔5分钟检查并读取水的温度,将结果记录在表5-1中。

摄氏温标或开氏温标最初用在科学和工程中。然而,由于水有很大的比热容,温度的变化比较慢,用摄氏度或开氏温度描述水温变化比较困难。由于华氏度是一个更小的单位,你可以用它来记录水温,然后转换成摄氏度。

	0分钟	5分钟	10分钟	15分钟	20分钟	25分钟	温度改变量(°F) ($\Delta T = T_f - T_i$)
紧凑型荧光灯附近易拉罐中水的温度(°F)							
白炽灯附近易拉罐中水的温度(°F)							

表5-1 水温对比。

分析

1. 将温度的改变量 ΔT、紧凑型荧光灯对应的水温和白炽灯对应的水温从°F换算成°C。

第5章 能量

2. 计算将水加热到每个温度所需的能量。水的比热容是4180J/(kg·°C)。

3. 利用坐标纸或者Excel软件画出温度随时间变化的折线图。确保不要遗漏标题和坐标轴标签。

结论

1. 能量是怎样从灯泡传递到水中的？

2. 在电能转换为辐射能的过程中，哪种灯泡效率更高？

3. 利用量纲分析，说明公式 $Q=mc\Delta T$ 中各个物理量所取的单位。

练习5.3 跟踪弹力球的能量转换

目标

这项活动的目的是调查一个系统的能量转换方式，并计算系统的能量转换效率。

材料

- 米尺
- 有弹性的球

实验前思考

1. 当一个球从1米高的位置落下，你估计这个球能反弹到多高？

2. 什么是能量守恒定律?

步骤

从你的老师那里领取一个有弹性的球和一把米尺。一个人扶好米尺,随后使球从1米高的位置处落下。另一个人观察球反弹的高度,并记录这个高度。至少做3次测试。

	反弹高度(米)	效率
测试1		
测试2		
测试3		
平均值		

表5-2 弹力球能量转换。

然后,用以下公式计算球反弹过程中能量转化的效率:

$$效率 = \frac{h_{反弹}}{h_{初始}}$$

在表格中记录数据。

计算反弹高度和效率的平均值,填写表5-2。

然后,改变降落高度再做5次测试。记录反弹高度,计算效率,将结果填写在表5-3中。

	降落高度(米)	反弹高度(米)	效率
测试1			
测试2			
测试3			
测试4			
测试5			
平均值			

表5-3 改变降落高度。

结论

1. 描述从弹力球开始落下,碰到桌子,然后被反弹的整个过程中所发生的能量转换。用流程图表述出来。

2. 效率的单位是什么?

3. 在些测试中能量守恒吗?

4. (a) 为什么球没有反弹到开始时的高度?

   (b) 失去的能量转换成哪两种类型的能量?

5. 降落高度对弹力球的能量转化效率有什么影响?

第6章
电气系统

头脑准备

在学习本章的概念时，请思考下面的问题：

- 哪种类型的材料能够成为良好的导电体？

- 哪种类型的材料能够成为良好的绝缘体？

- 怎样利用电阻来控制电路中元件的电压和电流？

- 电压、电流、电阻和功率的单位分别是什么？

- 哪种用电器消耗的功率大？

练习6.1 导体和绝缘体

目标

这个活动是为了辨别哪些材料是导体,哪些是绝缘体。

材料

- 万用表
- 总电压为9 V的电源(可以是1节9 V的电池,也可以是6节1.5 V的电池串联)
- 圣诞节彩灯或者其他小灯泡
- 双头夹导线
- 一元硬币
- 塑料的薄片
- 铝箔
- 木牙签或烤肉叉子
- 五角硬币
- 厚纸板

实验前思考

在表6-1中根据物品的导电性能从1-6进行排序。"1"代表最良好的导体。"6"代表最良好的绝缘体。

	塑料薄片
	一元硬币
	铝箔
	木牙签或烤肉叉子
	五角硬币
	厚纸板

表6-1 导电性能排序(实验前)。

步骤

利用万用表测量每一个物体的电阻值。在表6-2中记录物体的电阻值,然后依据导电性能排序。你的答案与你最初的猜测是否相同?

物品	电阻(Ω)
塑料薄片	
一元硬币	
铝箔	
木牙签或烤肉叉子	
五角硬币	
厚纸板	

表6-2 导电性能排序(实验结果)。

将电源、灯泡和双头夹导线连接成串联电路,如图6-1所示。观察灯泡的亮度。

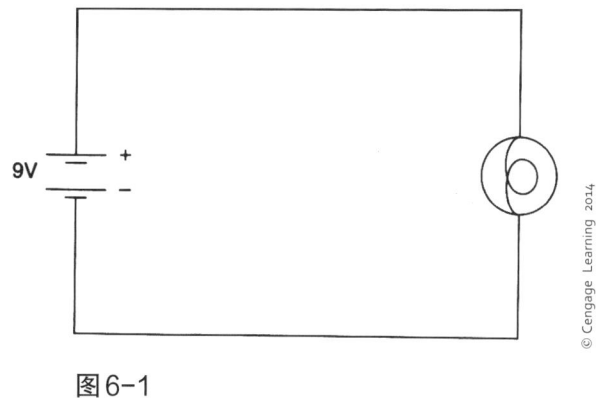

图6-1

将以下的每件物品与灯泡串联连接。如果灯泡是亮的,在表6-3中记录下它的明暗程度。

物品	灯亮了吗?	如果灯泡是亮的,它是很亮还是很暗?
塑料薄片		
一元硬币		
铝箔		
木牙签或烤肉叉子		
五角硬币		
厚纸板		

表6-3 电阻大小。

总结

1. 一般来说,哪类物体导电性好?

2. 一般来说,哪类物体绝缘性好?

3. 上表中哪个物体导电性最好?

4. 上表中哪个物体绝缘性最好?

练习6.2 电阻计算

目标

这项活动的目的是为了练习计算串联电路、并联电路和串并联电路中的等效电阻。

步骤

你的雇主希望你搭建一个有以下电阻的电路,但是你仅有若干个阻值不同的电阻器,而且你也不可以购买或者使用其他电阻器。解释一下,你会采取什么解决方案以达到设计要求。你应当画出电路图,并写下你的计算过程。完成这些任务的正确答案可能不止一个。

你拥有以下电阻器:

- 2个10 kΩ的电阻器
- 1个5 kΩ的电阻器
- 4个1 kΩ的电阻器
- 3个500 Ω的电阻器

问题6.1 等效电阻必须等于25 kΩ。

问题6.2 等效电阻必须等于250 Ω。

问题6.3　等效电阻必须等于750 Ω。

问题6.4　等效电阻必须等于400 Ω。

练习6.3　功率实验

目标
这个实验的目的是确定哪种用电器的功率最大。

材料
- 电流表、电压表、电功率计
- 各种小型用电器,例如:
    - 投影仪
    - 电风扇
    - 有灯座的白炽灯
    - 有灯座的紧凑型荧光灯
    - 多档吹风机
    - 小收音机
    - 夜间照明灯
    - 吸尘器

步骤

用电表测量每个用电器的电压、电流、电阻以及功率,将结果记录在表6-4中。

电器	电压(V)	电流(A)	实测功率(W)	额定功率(W)	计算电阻(Ω)

表6-4 电表读数。

结论

1. 哪些用电器耗能多?这些用电器有共同点么?

2. 哪些用电器耗能少?这些用电器有共同点么?

3. 一些用电器的额定功率与实测功率不同,想一想,为什么会发生这种情况?

第 7 章
流体压力传动系统

头脑准备

在学习本章的概念时，请思考下面的问题：

- 使用气压传动系统和液压传动系统的优点和缺点分别是什么？

- 压强的英制单位和公制单位分别是什么？

- 能量转换的例子有哪些？

- 功和能的单位是什么？

- 输入系统的能量能全部转化为有用功么？

练习 7.1　高压

这个练习是为了确定加了曼妥思糖的可乐喷出瓶子时的初速度及内部的液体压强。

目标

这个活动的目的是根据喷射高度计算混合了曼妥思糖的可乐的内部压强。

材料

- 2升的瓶装可乐
- 1包曼妥思薄荷糖
- 一把卷尺或几根米尺
- 护目镜
- 雨衣(可选)

步骤

本活动可作为小组活动或教师演示实验

1. 最好在室外进行该实验。若不行,则在瓶子下放一块大的塑料防水布。确保有足够大的活动场地(这个实验可能因可乐喷出而弄脏地面!)
2. 称出整瓶可乐的质量:_____kg。
3. 将瓶子放在水平台面上。
4. 拧开瓶盖。
5. 把曼妥思糖放在直径足够大的试管里或者类似的管子里,使所有曼妥思糖可以迅速倒入瓶中。
6. 让所有参与者尽快把所有曼妥思糖倒入瓶中,然后跑到安全区域。
7. 记下喷泉的高度:____m。高度预计为0.5 m到10 m之间!请事先准备好相应量程的测量工具以便准确测量。
8. 将瓶子清空冲洗干净,记下空瓶子的质量:____kg。
9. 计算液体质量并记录在其后的划线中。曼妥思糖的质量忽略不计:____kg。

分析

确定可乐喷出时的初速度　初始的动能和势能之和等于最终的动能和势能之和,公式如下:

$$PE_i + KE_i = PE_f + KE_f$$

该式的展开形式如下:

$$mgh_i + \frac{1}{2}mv_i^2 = mgh_f + \frac{1}{2}mv_f^2$$

因为 $h_i=0$ m,初始势能为 0,同时可乐喷泉在最高位置时的速度为 0,所以最终的动能为 0:

$$0 + \frac{1}{2}mv_i^2 = mgh_f^2 + 0$$

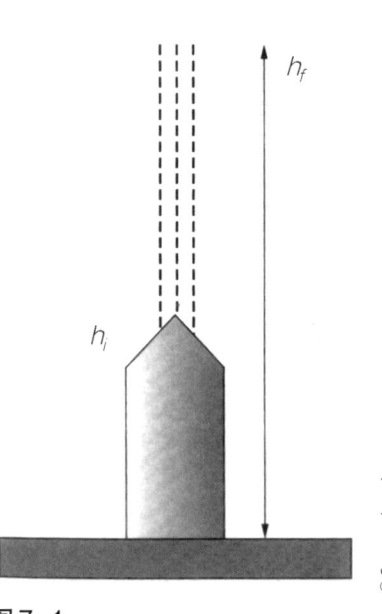

图 7-1

计算出上式中的初速度。

$$v_i=$$

取 g=9.8 m/s²，将你的测量值代入，求出初速度：

$$v_i=$$

确定压强 为了确定放入曼妥思糖后，可乐瓶内的压强大小，用以下形式的伯努利方程进行计算：

$$P=\frac{1}{2}dv_i^2$$

其中 d 为可乐的密度。

为了知道可乐密度(kg/L)，用可乐的质量除以它的体积：

$$d=\underline{\qquad\qquad}$$

然后将密度值和初速度值代入上面的压强公式，计算曼妥思糖和可乐作用所产生的压强：

$$P=\underline{\qquad\qquad}$$

练习7.2 下沉的感觉

目标

本练习的目的是确定让漂浮物体悬浮所需的向下作用力。

材料

- 小型长方形玻璃缸或干净的水槽
- 电子称或物理天平
- 水
- 不同质量的重物(可以是实验室的物品，金属垫圈，金属六角螺母，等等)

该实验可能用到的材料包括：

- 小块木头
- 冰块
- 乒乓球

步骤

1. 仔细地向玻璃缸注入75%容积的水。
2. 记录以下信息。
3. 把物体放到水中，处于漂浮状态。物体大概有多少百分比位于水下？画出表格，并标明物体的漂浮状况：

4. 把不同质量的重物放到物体上,直到物体达到悬浮在水中的状态。

5. 在物体保持悬浮状态一段时间后,取出物体,移除重物,并记录重物的总质量:_____kg。

6. 将质量乘以9.8 m/s² 换算成力,该力的大小为:_____N。

结论

1. 将你的结果与其他同学的结果比较。哪种物体需要最大的外力以达到悬浮状态?哪种物体需要最小的外力以达到悬浮状态?

2. 挑战性问题:一艘略微高于桥下通航限高的船如何利用伯努利定理安全驶过该桥。

练习7.3 气压产品和液压产品

目标
本练习的目的是认识带有气压系统和液压系统的产品。

材料
- 可接入网络的计算机
- 文字处理软件(可选)

步骤

识别器件——第一部分

指出表7-1中的器件是气压式器件(P)或是液压式器件(H),还是兼具两者特点的器件(B)。

1		过滤器
2		控制管路
3		止回阀
4		泵
5		三通连接器
6		空气压缩机
7		活塞
8		截流阀
9		方向控制阀
10		阀
11		变量泵
12		执行机构
13		螺线管
14		双作用气缸
15		润滑器
16		接收槽
17		流量控制阀
18		定量泵
19		原动机
20		工作管路
21		润滑器
22		蓄水池
23		单作用气缸
24		压力调节器

表7-1 器件识别。

考察产品——第二部分

1. 选择一个气压产品和一个液压产品进行考察。

2. 查询网络，了解这些产品的工作原理。

3. 描述每个产品是如何工作的。

4. 注意下列组件，它们是许多设备中的常用组件(但是记住，不是每个设备中都包含所有这些组件)。

    a. 工作管路

    b. 控制管路

    c. 阀

    d. 三通连接器

    e. 过滤器

    f. 执行机构

    g. 单作用气缸

    h. 活塞

    i. 双作用气缸

    j. 截流阀

    k. 止回阀

    l. 梭阀

    m. 流量控制阀

    n. 蓄水池

    o. 泵

    p. 定量泵

    q. 变量泵

    r. 原动机

    s. 方向控制阀

    t. 空气压缩机

    u. 压力调节器

    v. 润滑器

    w. 接收槽

    x. 螺线管

5. 用APA格式记下所有资料来源。

图书在版编目(CIP)数据

工程原理实践手册.上/(美)托马斯·辛格,(美)特蕾莎·菲利普,(美)黛比·弗兰奇著;季忠刚等译.—上海:上海科技教育出版社,2017.12
(中小学工程教育丛书/张民生主编)
ISBN 978-7-5428-6652-3

Ⅰ.①工… Ⅱ.①托… ②特… ③黛… ④季… Ⅲ.①工程技术—原理—高中—教学参考资料 Ⅳ.①G634.933

中国版本图书馆CIP数据核字(2017)第287917号

责任编辑　郑丁葳
装帧设计　杨　静

中小学工程教育丛书
工程原理实践手册(上)
【美】托马斯·辛格(Thomas Singer),特蕾莎·菲利普(Teresa A. Phillips),黛比·弗兰奇(Debbie A.French)　著
季忠刚　黄兆祺　楼初旸　唐楚虹　汪凡　王佳元　译

出版发行	上海科技教育出版社有限公司 (上海市柳州路218号　邮政编码200235)
网　　址	www.ewen.co　www.sste.com
经　　销	各地新华书店
印　　刷	上海普顺印刷包装有限公司
开　　本	889×1194　1/16
印　　张	5.5
版　　次	2017年12月第1版
印　　次	2017年12月第1次印刷
书　　号	ISBN 978-7-5428-6652-3/G·3795
图　　字	09-2016-203号
定　　价	20.00元

Workbook for Project Lead the Way / Principles of Engineering
By
Thomas Singer, Teresa A. Phillips and Debbie A. French
Copyright © 2014 by Cengage Engineering, a part of Cengage Learning
Original edition published by Cengage Learning. All Rights reserved.
Simplified Character Chinese edition copyright © 2017 by
Shanghai Scientific and Technological Education Publishing House
Shanghai Scientific and Technological Education Publishing House is authorized by Cengage Learning to publish, distribute and sell exclusively this edition. This edition is authorized for sale in the People's Republic of China only (excluding Hong Kong SAR, Macao SAR and Taiwan). No part of this publication may be reproduced or distributed by any means, or stored in a database or retrieval system, without the prior written permission of Cengage Learning.

上海科技教育出版社业经圣智学习亚洲私人有限公司授权
取得本书中文简体字版版权